Objets nomades

ISBN : 978-2-7006-0466-5

26 créations à faire soi-même inspirées des routes de l'Est

Objets nomades

Edith Garrault
& Stéphanie Boiteux-Gallard

Photographies de
Patrick Van Robaeys

Aubanel

Sommaire

Introduction

« Tout le monde rêve de voyages... Mais loin des clichés touristiques classiques vers le sud ou l'ouest, nous avons pensé notre aventure sur les routes de l'Est. Nous nous sommes imaginées partant l'été pour une datcha, le cheval tirant une charrette lourdement chargée pour cette transhumance annuelle. Avec les gens du voyage, nous avons marché sur la piste du cirque.
Nous avons suivi les roulottes des Roms, chevauché sur la trace des cavaliers des grands espaces, jusqu'aux steppes de l'Asie centrale. Se sont accumulées pêle-mêle dans nos têtes des images hétéroclites : les foulards à fleurs, les lourds velours brodés, le galop des chevaux, les joueurs de guitare, les matriochkas au décor naïf, le violon tzigane, le thé noir, l'écuyère, les œufs peints, les riches icônes dorées, l'acrobate et le jongleur, les églises surmontées de coupoles à bulbes, les roulottes de bois éclatantes de couleurs, les larges robes fleuries, les feutres cabossés des Gitans rudes et fiers, le samovar fumant, les balustrades de bois finement ajourées, les verres colorés de Bohême, les lames de tarot de la diseuse de bonne aventure, l'accordéon, la piste rouge du cirque, les chapkas d'astrakan et les danses aux jupes tourbillonnantes...

Il était une fois dans l'Est...

Au retour de notre voyage dans l'imaginaire, nous avons installé notre campement et ses trésors dans notre univers, et matérialisé nos rêves par une intégration contemporaine de nos souvenirs riches et hybrides, baroques et colorés. Nous avons tout mélangé et laissé faire nos envies. Les enfants y sont rois. Ils se nichent sous les édredons moelleux, s'enveloppent de courtepointes bariolées et s'endorment sur des coussins à la douce résonance d'enfance. À votre tour, partez pour le grand voyage dans le rêve des routes de l'Est. Appropriez-vous le monde, ses couleurs et les créations que nous vous proposons de réaliser, et vive l'aventure... »

Au fil des perles

« Des perles ? Oui,
mais énormes et en tissu,
fraîches comme un collier
de fleurs en boutons.
À porter en sautoir,
à suspendre en guirlande,
ou à poser en embrasse
de rideau... »

Fournitures

Les chutes d'une dizaine de cotons différents imprimés de petits motifs ✸ de la fibre polyester pour garnissage de coussins ✸ du fil polyester noir, écru, rouge... ✸ du fil de Nylon élastique pour collier ✸ 1 longue aiguille à gros chas.

Réalisation

☞ Couper des carrés de 12 cm de côté (se faire un gabarit en carton).

☞ Faire un cercle avec le pouce et l'index et y enfoncer le centre d'un carré. Y fourrer de la fibre polyester. Bien tasser et tirer les coins du carré pour former une boule ferme de 3 cm de diamètre.

☞ Entourer plusieurs fois la base d'un fil très serré et nouer ; couper la base de la boule à ras.

☞ Pour un sautoir, compter une cinquantaine de perles. Les disposer en cercle pour déterminer leur ordre en fonction des couleurs (éviter de répéter toujours la même séquence).

☞ Sur une longue aiguillée de fil de Nylon, enfiler les perles une à une en les traversant diamétralement, de la base au sommet.

☞ Faire un triple nœud très serré avec les deux bouts du fil de Nylon, avant de couper le surplus.

1
2
3
4

Cadre tsarine

« D'un souvenir sépia, d'un lointain parent alors tout enfant, au regard étonné et rieur, façonner un objet surdimensionné, précieux et riche de morceaux de vie et de souvenirs assemblés avec soin. »

Fournitures

1 feuille de carton plume de 1 cm d'épaisseur ✱ 1 feuille de carton rigide de 30 x 40 cm ✱ 1 morceau de papier peint à petits motifs beiges (0,50 x 1 m) ✱ 45 cm de 4 rubans différents de 1 cm de large ✱ 1,30 m de ruban à paillettes de 5 mm de large ✱ 1,30 m de cordelière fine rouge ✱ 1 m de molleton en 140 de large ✱ 1 aiguille courbe ✱ 8 tissus différents assortis ✱ soie unie pour le dos ✱ épingles à tête perlée ✱ 1 photo sépia ✱ 1 crochet-anneau ✱ 1 agrafeuse.

schéma 1

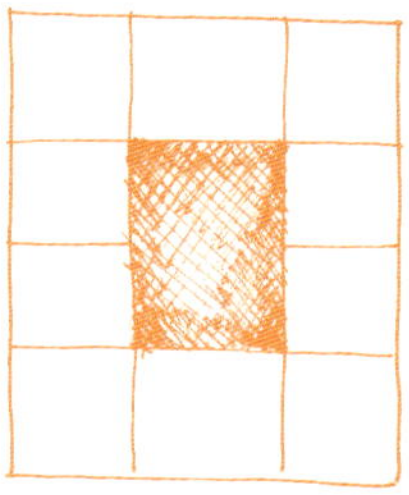

schéma 2
(envers)

schéma 3
(envers)

Réalisation

☞ Dans le carton plume, tailler un rectangle de 50 x 60 cm.
En son milieu, ôter un rectangle de 16 x 26 cm pour obtenir le fond du cadre.
Arrondir les quatre coins, extérieurs et intérieurs.
Le recouvrir de molleton en le doublant sur le milieu des côtés pour lui donner de l'arrondi et du volume. Agrafer le molleton au dos.

☞ Assembler les tissus pour former un rectangle de 55 x 65 cm, en formant des carrés de 17 cm de côté pour la largeur et 17 cm et 13 cm pour la hauteur en évidant le centre (schéma 1).

☞ Poser le patchwork sur le cadre, épingler le tissu autour et à l'intérieur.
Le rabattre sur le dos du cadre en l'épinglant.
Sur l'envers, épingler également la soie sur le tissu rabattu pour cacher le carton, la coudre à l'aide de l'aiguille courbe (schéma 2).

☞ Fixer les rubans dans les angles en les croisant sur eux-mêmes au dos.
Épingler les rubans à paillettes et la cordelière de chaque côté en formant des croisillons.
Fixer avec des épingles à tête perlée.

☞ Recouvrir le carton du fond avec le papier peint, sur les deux faces.
Le fixer au dos en formant 4 coins pour le caler avec des chutes de ruban (schéma 3).

☞ Épingler la photo sur l'endroit et installer le crochet-anneau sur l'envers.

LEON

Cent pur-sang tapis

« Le cheval, jusqu'à l'apparition des chevaux-vapeur et des chevaux mécaniques, restait sur terre le meilleur moyen de se déplacer, de voyager. Le compagnon associé au nomadisme de l'homme, du grand Est au Far West. Dénichée dans un vide-greniers en Bretagne, cette grande tapisserie représentant des chevaux en liberté a été un coup de cœur immédiat. Une invitation au voyage, de la Camargue à la Mongolie, en passant par la taïga. Débarrassée de son classique cadre en bois et dépoussiérée à la brosse, la tapisserie de laine offrait de bonnes dimensions. Suffisamment pour la détourner de son utilisation initiale et en faire un petit tapis, doux aux pieds. On a bordé de franges, serrées comme une crinière taillée, ce petit tapis qui trouve sa place partout. »

E. B. Z. 250 - LE HAVRE
Romanichels sur la route d'Octeville

Bouglione

Fournitures

1 tapisserie d'environ 50 x 110 cm ✸ 30 cm de fausse fourrure de couleur ✸ 10 à 20 cm dans huit tissus déchirables, en soie, rayonne, ou tissu synthétique ayant un aspect soyeux, reprenant les tonalités de la tapisserie ✸ de la ficelle fine et solide, style ficelle de cuisine.

Réalisation

☞ Bien dépoussiérer la tapisserie ou même la laver doucement à la main. Il est préférable de la tendre avant qu'elle ne soit trop sèche, et de la repasser sur l'envers, pour qu'elle reprenne une forme bien rectangulaire.

☞ La frange est fabriquée à part. Couper deux morceaux de petite ficelle plus longs que la tapisserie d'un bon mètre.
Couper dans l'un des tissus deux bandes de 5 x 75 cm. Donner un petit coup de ciseaux sur la lisière des morceaux de tissu, tous les 2 cm ; déchirer.
Couper ensuite les lanières en longueurs de 18 cm.

☞ Fixer chacune tour à tour sur la ficelle par un nœud de ghiordès, en alternant les couleurs de façon plus ou moins régulière. Il faut bien serrer les nœuds les uns contre les autres pour que la frange soit touffue.

☞ Couper dans la fausse fourrure deux bandes de 15 cm de large.
Les piquer sur les deux grands bords de la tapisserie, endroit contre endroit.

☞ Poser la frange sur la fausse fourrure, bout des mèches au bord de la tapisserie, nœuds vers l'extérieur. Piquer sur les nœuds.

☞ Retourner la partie libre de la fausse fourrure vers le dessous, de façon à positionner la frange vers l'extérieur, et la rabattre à points glissés.

☞ Poser les deux bandes réservées sur les bords des côtés libres de la tapisserie, d'un bout des franges à l'autre. Piquer endroit contre endroit. Rabattre le tissu sur l'arrière, faire un rentré et le fixer à petits points glissés.

schéma 1 : réalisation de la frange

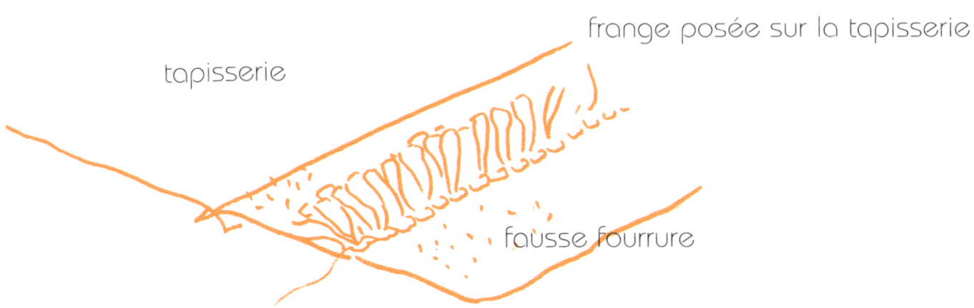

schéma 2

schéma 3

coussins foulard

« D'un œil noir,
il surveille ses sœurs
roses et fraîches. »

coussin foulard noir
coussins foulard blanc-rose

Fournitures

1 foulard imprimé fleuri fond noir à franges de 80 x 80 cm ✸ 70 x 70 cm de tissu imprimé cachemire ✸ 1 oreiller de 65 x 65 cm ✸ 50 cm de ruban velours.

Réalisation du coussin foulard noir

☞ Tailler un morceau de 30 x 70 cm et un morceau de 40 x 70 cm dans l'imprimé cachemire. Les ourler sur le côté de 70 cm.

☞ Positionner les deux morceaux obtenus sur l'envers du foulard en croisant les deux parties ourlés au milieu pour former une taie portefeuille.

☞ Faire un rentré de 2 cm tout autour.

☞ Piquer à 5 mm du bord en laissant dépasser le foulard et sa frange tout autour.

☞ Couper le ruban en deux.

☞ Fixer un morceau de ruban sur chacun des deux morceaux de cachemire pour les nouer ensemble après avoir enfilé l'oreiller afin de fermer le coussin.

Fournitures

3 foulards en laine à motifs fleuris différents sur fond blanc et de tailles différentes ✸ 3 morceaux de mohair rose de 60 x 60 cm ✸ coton perlé rose vif ✸ 1 sac de garnissage synthétique pour coussins.

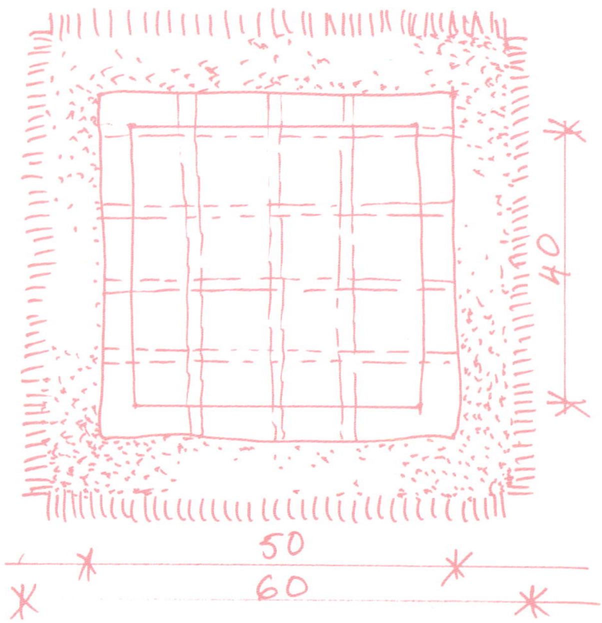

Réalisation des coussins foulard blanc-rose

☞ Marquer au fer des plis réguliers sur chacun des foulards (horizontaux puis verticaux).
- des plis de 0,5 cm de large sur le plus petits des motifs (boutons de rose).
- des plis de 2 cm de large sur le motif intermédiaire (roses seules).
- des plis de 3 cm de large sur le grand motif (couronne de fleurs).

☞ Surpiquer ces plis avec le coton perlé rose, couper le tour du foulard à cru.

☞ Positionner le carré obtenu sur un carré de mohair en le centrant.

☞ Piquer tout autour pour former un carré de 40 x 40 cm, en laissant une ouverture de 10 cm pour passer le molleton synthétique.

☞ Refermer à petits points. Effranger le mohair tout autour du coussin sur 1 cm.

Coussin câlin Kalinka

« Comme une peluche endimanchée, la fourrure moelleuse s'est habillée de satin, de galons et de rubans. »

22
3
9
4
22
60
40

Fournitures

1 sac de molleton synthétique pour coussins ✸ 85 x 65 cm de fausse fourrure rose ✸ 40 cm de ruban de satin marron brodé en 10 cm de large ✸ 40 cm de ruban fleuri noir et or en 3 cm de large ✸ 40 cm de ruban gros-grain rayé en 4 cm de large.

Réalisation

☞ Plier le morceau de fourrure en deux, endroit contre endroit, de façon à former un rectangle de 42,5 x 65 cm ; épingler serré tout autour.

☞ Piquer les trois côtés en laissant une ouverture d'environ 5 cm au milieu du grand côté pour passer le molleton.

☞ Retourner, remplir avec le molleton, fermer l'ouverture à points invisibles.

Pour la bande de parement :

☞ Épingler de chaque côté du ruban de satin un ruban rayé et un ruban fleuri, piquer à 3cm du bord.

☞ Faire un petit rentré en haut et en bas.

☞ L'épingler sur le milieu du coussin, le coudre sur la fourrure à points invisibles.

Coussin tambou-rin

« Et ron et ron, petit patapon : c'est le pompon ! Comme des amulettes s'entremêlent pompons, boules, passementeries et glands autour d'un soleil de velours. »

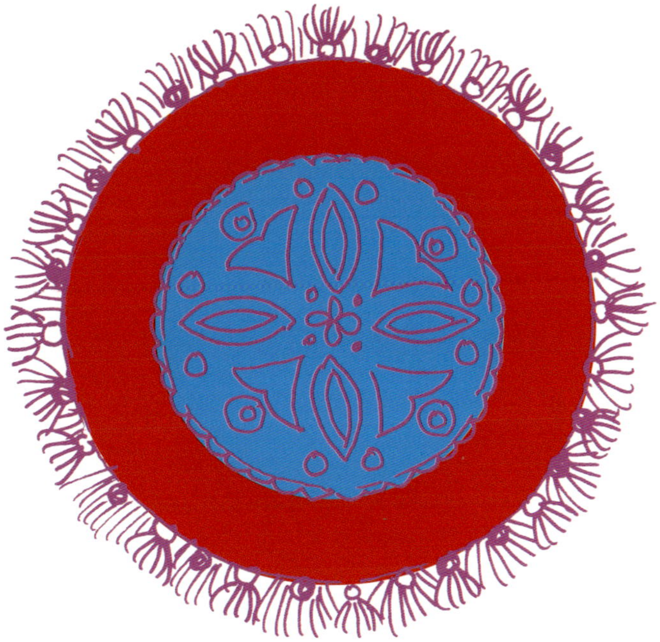

Fournitures

45 x 45 cm de velours orange ✸ 1 napperon blanc de 30 cm de diamètre ✸ molleton synthétique pour garnissage ✸ 150 x 46 cm de frange à pompons rouges ✸ pompons ronds : 7 verts, 5 turquoise, 4 orange, 4 roses ✸ pompons de passementerie : 5 mauves, 1 noir, 3 jaunes, 4 verts ✸ 1 carré de tissu rayé de 45 cm de côté pour le dos ✸ 1 pastille de teinture Dylon turquoise.

Réalisation

☞ Teindre le napperon dans une casserole en suivant le mode d'emploi ; laisser sécher.

☞ Le centrer sur le carré de velours orange, l'épingler et le coudre.

☞ Tracer un cercle à 6 cm du bord extérieur du napperon. Découper le cercle de velours de 42 cm de diamètre ainsi obtenu.

☞ Épingler la frange tout autour du cercle. La bâtir en positionnant les pompons à l'intérieur.

☞ Positionner le tout sur le carré rayé du dos. Épingler serré en laissant une ouverture de 5 cm ; piquer tout autour. Retourner.

☞ Épingler les pompons en alternant les formes et les couleurs. Les coudre à points invisibles.

☞ Remplir avec le molleton, fermer.

Coussin icône

« Est-ce sainte Barbara, sainte Agnès de Bohême ou même sainte Nino, étonnant prénom de la patronne de la Géorgie ? Peu importe, chacun peut lui choisir le nom qui lui convient. Le plus difficile est de trouver une image adéquate. Il est, bien sûr, possible de faire un montage-collage, avec une belle image ou même une photo, et un disque de joli papier placé derrière la tête. Pour représenter sainte Sara, patronne des gens du voyage, ne pas oublier que sa peau est noire. »

24 cm
50 cm

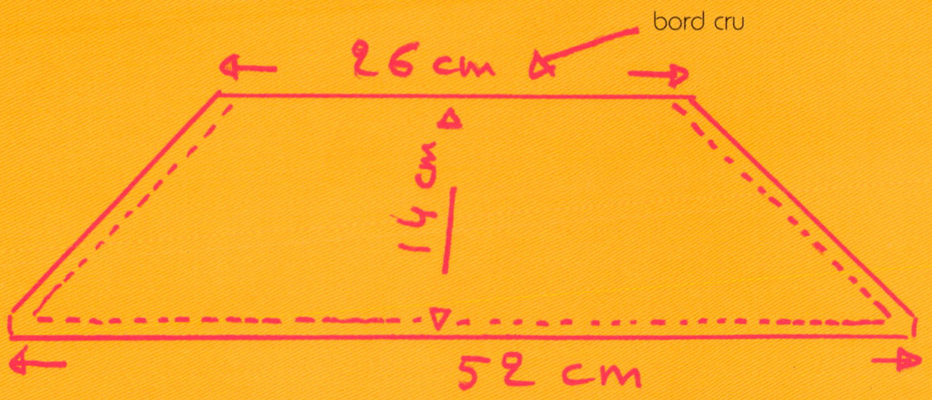
bord cru
26 cm
14 cm
52 cm

Fournitures

1 image représentant une sainte avec une auréole ✸ 1 pochette de transfert sur textile Canson ✸ 1 m de fine dentelle de 2 cm de large ✸ 2 m de paillettes en ruban ✸ quelques paillettes en forme d'étoile et autant de perles de rocaille ✸ 40 cm de velours bicolore à côtes en 140 cm de large ✸ 55 cm de taffetas assorti en 140 cm de large ✸ de la colle pour textiles.

Réalisation

☞ Agrandir le portrait à la photocopieuse professionnelle, de façon que le visage ait environ 10 cm de diamètre ; faire ensuite une photocopie de cet agrandissement sur le papier transfert.

☞ Découper la silhouette avec son auréole. Enlever le film de protection et poser le transfert sur un carré de taffetas de 30 cm de côté. Poser dessus le papier de protection prévu dans la pochette et fixer au fer chaud.

☞ Froncer la dentelle et la fixer autour de l'auréole à petits points.

☞ Coller le ruban de paillettes sur le raccord, ainsi qu'autour de la silhouette. Parsemer d'étoiles : faire sortir un fil depuis l'envers de l'ouvrage, passer dans le trou d'une étoile, puis dans une perle, repasser dans l'étoile, puis piquer dans le tissu pour ressortir sur l'envers, et faire un nœud avec les deux bouts du fil.

☞ Couper dans le velours quatre fois le patron. Coudre les angles et ouvrir les coutures au fer.

☞ Poser ce cadre textile sur le portrait en centrant celui-ci. Bâtir puis fixer par un point zigzag assez serré. Recouvrir ensuite avec le ruban de paillettes.

☞ Pour le dessous du coussin, couper deux rectangles de taffetas. Piquer un double rentré sur l'un des bords. Faire chevaucher largement les deux rectangles.

☞ Poser dessus l'autre partie du coussin, endroit contre endroit, épingler et piquer tout autour. Retourner l'enveloppe et y glisser un oreiller de 50 x 50 cm.

Joyeux Noel

Moscou

Croix slave

« Si sa forme reste un symbole, la croix se porte aussi comme un bijou. Mais au métal précieux orné de pierres, on a substitué de petits restes de dentelle et de rubans de velours. »

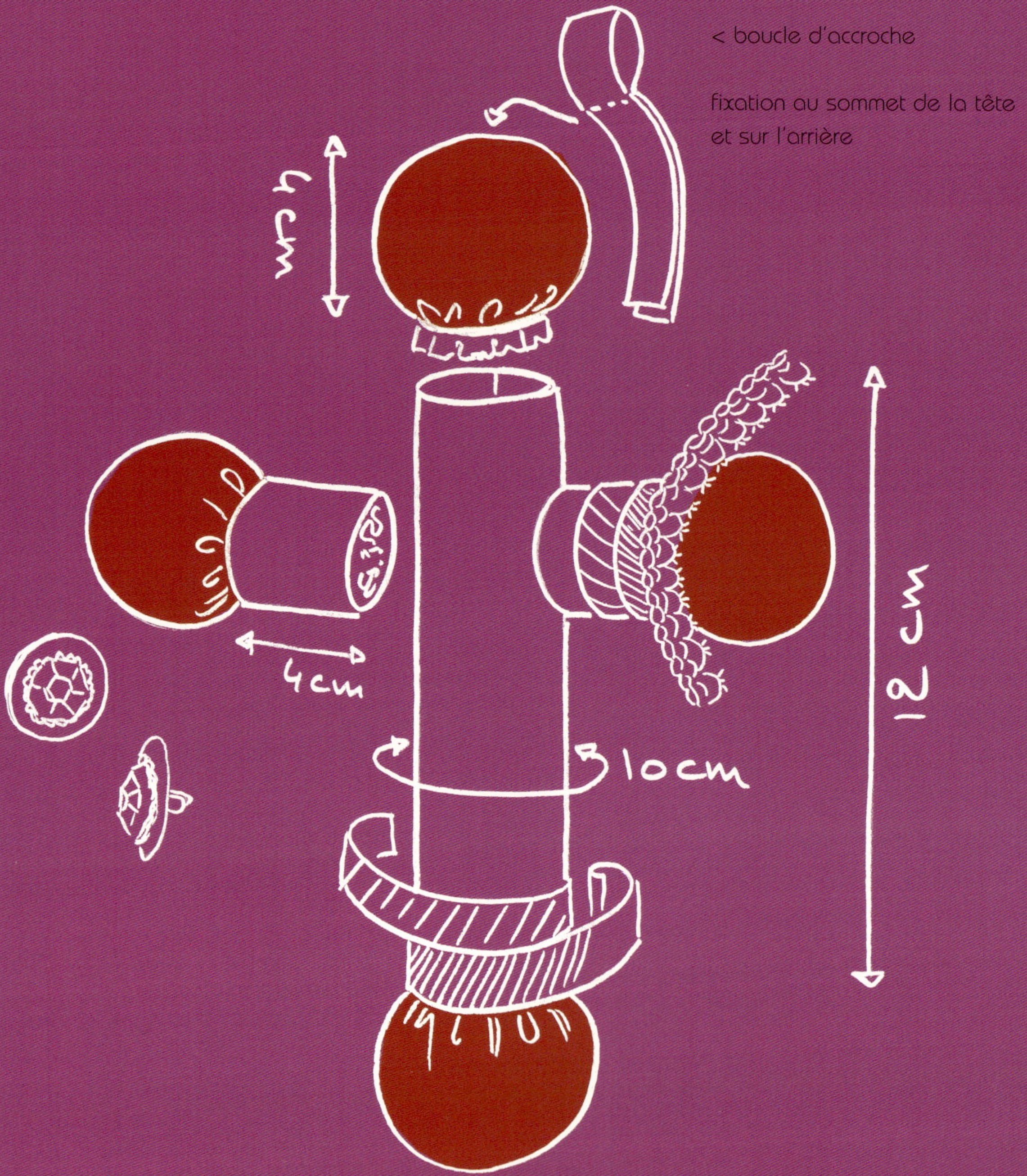

Fournitures

15 x 20 cm de velours vert bronze ✸ 15 x 60 cm de velours rose foncé ✸ 50 cm de ruban de velours vert de 0,8 cm de large ✸ 60 cm de ruban de velours rose clair de 0,8 cm de large ✸ 50 cm de dentelle d'environ 1 cm de large avec un bord denté ✸ 5 boutons dorés à cabochon de verre coloré ✸ 2 m de ruban de satin vert de 3,5 cm de large ✸ un peu de fibre polyester pour garnissage de coussins.

Réalisation

☞ Découper dans le velours rose quatre carrés de 15 cm de côté.

☞ Faire un cercle avec le pouce et l'index et y enfoncer le centre d'un carré. Y fourrer de la fibre polyester en tassant bien pour former une boule de 4 cm de diamètre.

☞ Entourer la base d'un fil serré et nouer ; couper le « pied » de la boule à 1 cm.

☞ Couper dans le velours vert un rectangle de 12 x 14 cm ; replier les deux longs bords l'un contre l'autre, l'endroit à l'intérieur. Épingler et piquer à 1 cm du bord.

☞ Retourner sur l'endroit. Faire à chaque extrémité un rentré de 1 cm.

☞ Bourrer l'intérieur de fibre. En la tassant, introduire un pied de boule à chaque bout et le fixer par des petits points serrés.

☞ Pour les bras de la croix, couper deux rectangles de velours vert bronze de 12 x 6 cm et répéter l'opération, mais en ne mettant une boule qu'à un seul bout.

☞ Fixer les extrémités libres de part et d'autre de la partie déjà réalisée, en les décalant de façon que la tête et les bras soient de longueur égale.

☞ Poser sur le raccord entre les deux velours le ruban vert, faire un petit rentré au bout, sur l'arrière, et fixer par un point serré. Poser juste à côté, sur la partie cylindrique, le petit ruban rose, et, à cheval sur le ruban vert et la boule rose, la dentelle, dents vers l'extérieur.

☞ Coudre les boutons à l'avant des boules et à l'intersection des branches de la croix, en traversant toute l'épaisseur pour bien les fixer.

☞ Plier le ruban rose restant en deux pour faire une boucle et la fixer sur l'arrière de la boule de tête, de la base jusqu'au sommet.

☞ Effilocher les deux extrémités du ruban de satin sur 5 cm, et le passer dans la boucle de la croix.

Fauteuil bonne aventure

« Du jeu il a pris les motifs, du repos il a pris l'esprit, de la roulotte il a pris la fantaisie. »

Fournitures

1 fauteuil bridge en bois des années quarante ✸ 1 petit pot de peinture mate vert anis ✸ 1 petit pot de peinture mate prune ✸ 1 tapisserie portrait de sainte (dossier) de 45 x 45 cm ✸ 1 tapisserie à motifs géométriques (assise) de 60 x 75 cm ✸ 60 x 90 cm de tissu vichy rose ✸ 25 x 25 cm de fausse fourrure panthère rose ✸ 25 x 25 cm de velours rayé multicolore ✸ chutes de tissus imprimés et rayés pour le volant ✸ ciseaux à cranter ✸ 1 aiguille courbe de tapissier ✸ fil bleu ✸ agrafeuse électrique ✸ semences (clous) ✸ grandes épingles de tapissier (ouzos) ✸ 50 x 50 cm de molleton synthétique.

Réalisation

☞ Dans un premier temps peindre les pieds du fauteuil en prune et les accoudoirs en vert anis.

Pour l'assise :

☞ Épingler l'assise en commençant par le milieu de chaque côté.

☞ Bien tendre la tapisserie et clouer au-dessous de l'assise sur le bois.

☞ Préparer un volant plissé en cousant entre eux tous les imprimés pour obtenir trois fois le tour de l'assise (2 côtés et 1 devant).

☞ L'agrafer sur les trois côtés de façon invisible.

Pour le dossier :

☞ Tendre en l'épinglant la tapisserie de sainte sur le dossier, découper autour des accoudoirs et faire un petit rentré de 1 cm à l'intérieur, agrafer au dos et au bas du dossier.

☞ Agrafer le passepoil sur le dos du dossier autour de la tapisserie.

☞ Agrafer le vichy rose sur l'envers en haut du dossier en le centrant.

☞ Coudre le vichy sur les côtés du dossier à l'aide de l'aiguille courbe. Agrafer en bas sur le dessous de l'assise.

Pour les accoudoirs :

☞ Plier la fausse fourrure en deux en intercalant du molleton sur la partie centrale.

☞ Replier autour de l'accoudoir, agrafer sur l'envers.

☞ Faire la même chose sur l'autre accoudoir avec le velours rayé.

Jupe fleurie pour gitane chic

« Cette large bande de soie ornée de fleurs appliquées et brodées était sans doute à l'origine la cantonnière d'une large fenêtre. Pas fatiguée, elle ne demandait qu'à s'associer à un tissu d'ameublement, pour un recyclage vestimentaire. Résultat : une jupe parfaite pour dire la bonne aventure, si ce n'est la vivre sur les routes de l'est. »

Fournitures pour le pied

Des éléments dépareillés de vaisselle en porcelaine, si possible avec des décors dorés : mini-soupière, assiette à dessert, sucrier et son couvercle, ramequin, petit pot à lait, petit pot à crème, tasse, sous-tasse, etc. ✸ des petits pots d'émail à froid pour céramique en différentes couleurs ✸ 1 petit pot d'or pour céramique ✸ 1 petit pinceau souple ✸ de la colle spéciale porcelaine ✸ pour l'électrification : 1 douille dorée, 1 chandelle dorée de 4 cm, 1 pneu à la taille de l'ouverture du plus petit pot, 2 m de câble torsadé gainé doré, 1 fiche mâle dorée.

Réalisation du pied

- Faire des essais de pyramide avec les éléments trouvés, en alternant pièces plates et pièces en volume, sur une hauteur d'environ 40 cm. Terminer par une pièce à petite ouverture, petit pot ou mini-tasse.

- Quand la pyramide est au point, déterminer une couleur pour chaque élément. Peindre chaque pièce de porcelaine en contournant les parties dorées et les éventuelles petites scènes polychromes, ou en laissant en blanc les parties à dorer par la suite : anses, ailes, bords…

- Laisser sécher au moins trois jours sur une surface protégée de plastique : l'émail doit être complètement lisse au toucher. Poser ensuite du doré aux endroits prévus.

- Reconstituer la pyramide en collant les éléments en partant de la base. Attendre que la colle ait séché pour coller la pièce suivante.

- Faire le montage électrique en sortant le fil par le trou latéral de la base de la chandelle. Coincer le pneu dans le col.

Fournitures pour l'abat-jour

1 carcasse en cuivre, cylindrique ou légèrement tronconique, de 30 cm de diamètre et 17 cm de haut environ, selon la hauteur du pied ✸ des rubans de couleurs assorties à celles du pied, de différentes largeurs, en velours, satin, gros-grain, sangle de coton, chutes de soie, etc. ✸ 50 cm de grosse cordelière dans trois couleurs ✸ quelques petites perles.

Réalisation de l'abat-jour

☞ Couper les cordelières en deux morceaux de 25 cm.

☞ Défaire légèrement la torsade, et en enrouler les tiges de cuivre qui relient les deux cercles de la carcasse.

☞ Avec un mini-ruban, ligaturer les fils au-dessus du cercle du haut et au-dessous du cercle du bas, puis les effilocher. Dans les espaces entre les montants ainsi habillés, tendre les rubans en double et les fixer par un nœud fait avec les extrémités, ou les nouer sur les cercles, ou encore fixer les extrémités l'une sur l'autre par quelques points agrémentés d'une perle.

☞ Poser l'abat-jour sur la douille et revisser la bague.

Lustre filigrane pour fête gitane

« À la tombée du jour, quand la musique se fait douce, c'est l'heure d'allumer les étoiles d'un lustre poétique, fin comme un filigrane. Accroché aux beaux jours dans les arbres, il s'est habillé de rouille naturellement. Pour contraster, on l'a paré de rubans de satin. »

Fournitures

1 cercle pour abat-jour de 30 cm de diamètre ✸ 1 cercle pour abat-jour de 40 cm de diamètre ✸ du fil de fer brut (non galvanisé) de 1 mm de diamètre ✸ 1 crochet en S (de cuisine) ✸ 12 petits pots à laitage en verre ✸ des rubans de petite largeur, récupérés sur les paquets cadeaux ✸ 1 pince coupante ✸ des bougies chauffe-plat.

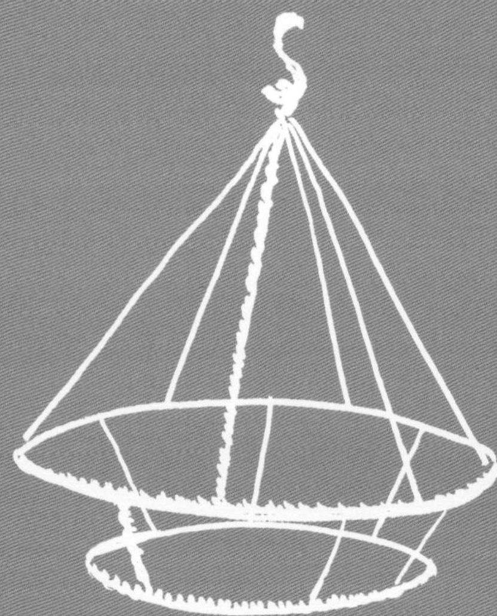

Réalisation

☞ Enrouler le fil de fer sur les cercles, en spirale serrée, de façon à masquer leur couleur d'origine.

☞ Couper 1 m de fil de fer. Le plier en deux, placer le grand cercle dans la pliure, puis torsader ensemble les deux parties du fil sur 40 cm, terminer par une boucle et couper le surplus.

☞ Répartir cinq autres torsades autour du cercle. Passer le crochet recouvert de fil de fer dans les boucles pour accrocher le lustre.

☞ Relier le petit cercle au grand par six torsades de 12 cm, intercalées entre celles qui partent vers le crochet.

☞ Pour chaque petit pot de verre, couper deux longueurs de 1 m de fil. Les coincer en leur milieu dans la gorge du petit pot et faire une torsade serrée de chaque côté.

☞ Poser chaque pot contre le grand cercle, au niveau des torsades qui partent vers le bas, et le bloquer avec ses torsades latérales enroulées trois fois sur le cercle.

☞ Enrouler le reste des torsades en grandes spirales.

☞ Poser de cette façon les six pots du cercle supérieur, puis en quinconce les six pots du cercle inférieur. Nouer des rubans sur les spirales.

1, 2, 3 matelas pour les lolitas

« Comme la princesse au petit pois, on les superpose au gré des humeurs et du vent ; on les roule pour se protéger des vents coulis, un coup rayé, un coup fleuri. »

schéma 1

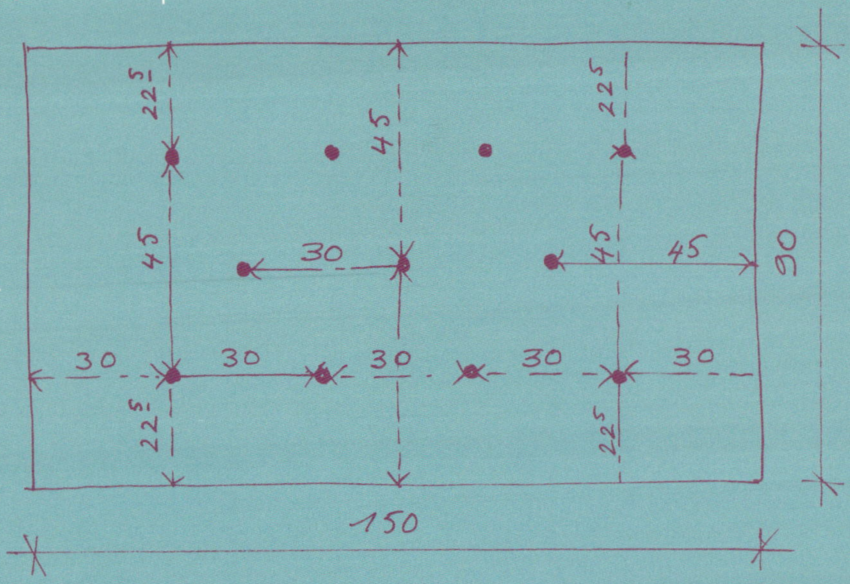

fournitures par matelas

0,95 x 1,55 m de tissu fleuri ou imprimé ✸ 0,95 x 1,55 m de tissu rayé ✸ 5 m de molleton synthétique en 150 cm de large ✸ chutes de tissus contrastés ou de rubans.

Réalisation

☞ Superposer le tissu rayé et le tissu imprimé, endroit contre endroit, épingler, piquer tout autour en laissant une ouverture de 30 cm sur un petit côté ; retourner, repasser.

☞ Plier le molleton en cinq pour obtenir un rectangle de 1 x 1,50 m.

☞ Le passer par l'ouverture en le pliant en deux, épingler dans les coins le molleton et le tissu.

☞ À l'aide d'un crayon et d'une règle, calculer l'emplacement des bouffettes. Il y a onze bouffettes à répartir en trois rangs : 1 x 4, 1 x 3, 1 x 4 sur la longueur (schéma 1).

Bouffettes : exemple matelas rose

☞ Face fleurie : fleurs à quatre pétales pois à fond rouge.

☞ Obtenues en pliant un carré pois fond rouge en quatre et en le découpant.

Face rayée

☞ Ruban de satin rose pâle plié en trois et piqué au milieu.

Pour les autres matelas

☞ Le ruban peut être en velours et les fleurs taillées dans les chutes d'imprimés.

Meringue tapis-sière

« Les toits à bulbes des églises russes ressemblent parfois à des meringues. Belle inspiration pour ce pouf poire à tranches, en alternance unies et bariolées, en velours et en tapisserie. Des tapisseries dénichées dans le fond d'une brocante où elles s'ennuyaient, dans l'indifférence des chineurs. Quand on pense au nombre d'heures passées par des mains habiles à couvrir point par point ces surfaces souvent immenses ! Riches en thèmes et en couleurs, elles peuvent trouver une seconde vie, pas forcément incompatible avec un environnement contemporain. »

✎ forme A

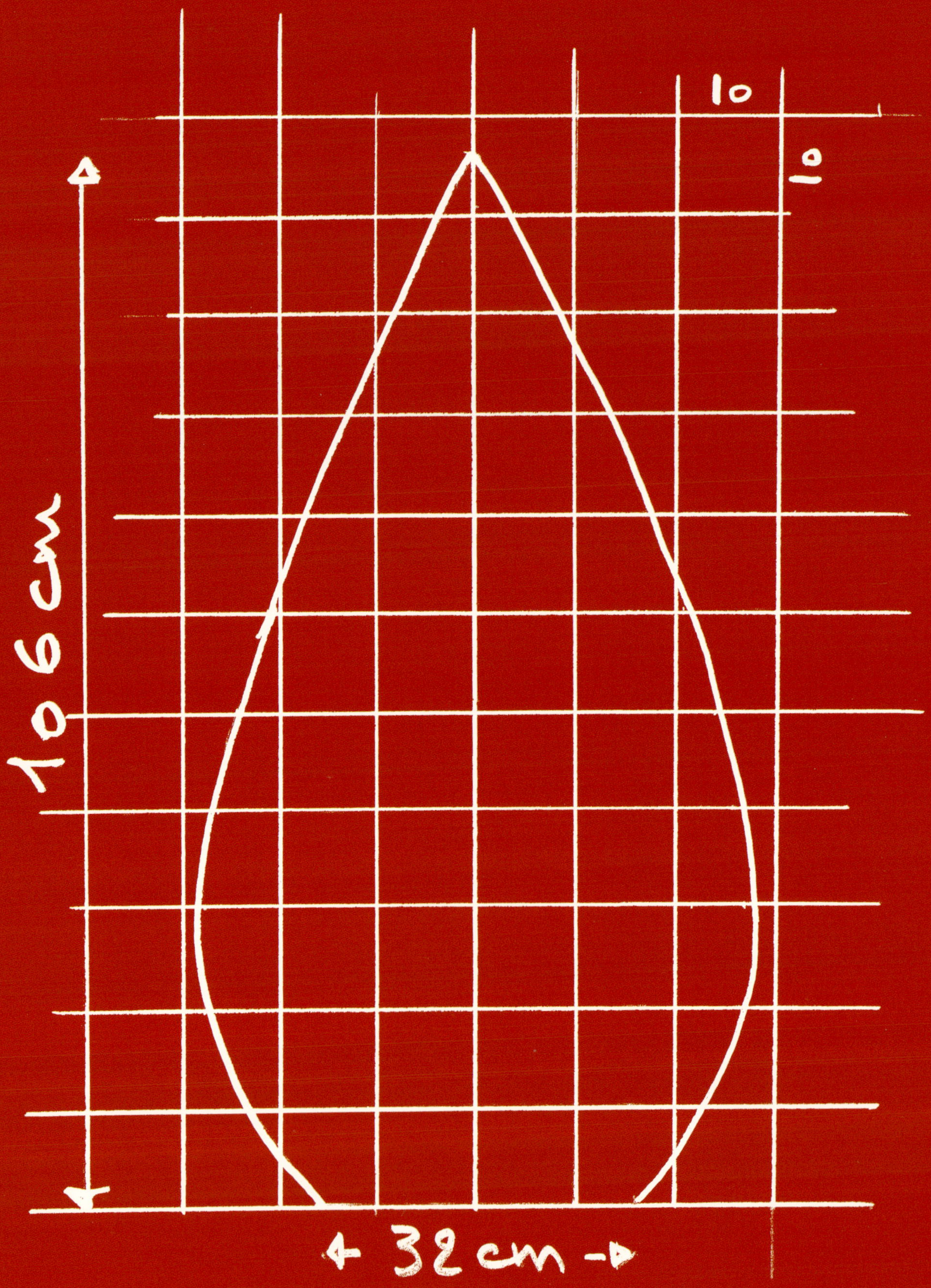

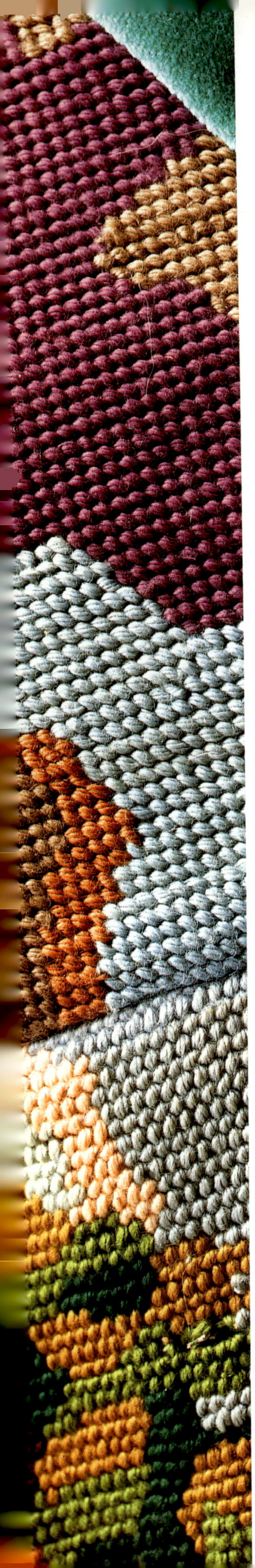

forme B

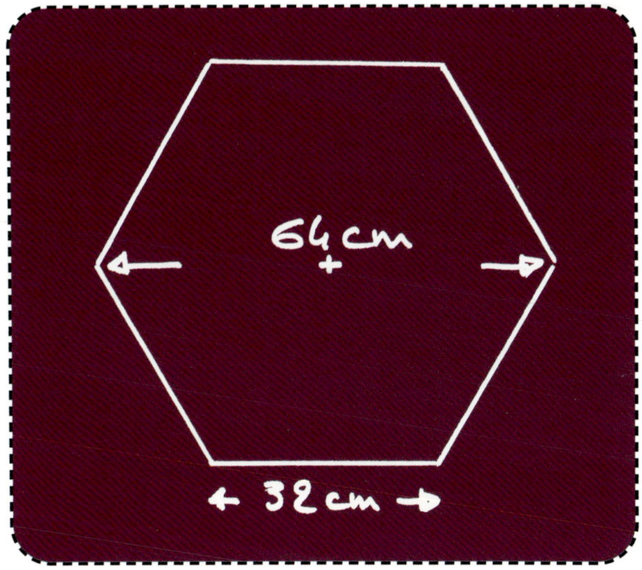

Fournitures

8 à 10 tapisseries ✸ 50 cm de velours dans trois couleurs (prune, rouge, turquoise) en 140 cm de large ✸ 3 m de toile de coton épaisse en 140 cm de large ✸ 70 cm de toile de bâche ✸ 50 cm de 4 rubans différents (velours, gros-grain, galon) ✸ 8 sacs de flocons de mousse.

Réalisation

☞ Reporter le schéma à taille réelle sur la toile et couper six fois la forme A. Les assembler par une couture à 1,5 cm. Couper la forme A dans chacun des velours.

☞ Assembler les tapisseries par des coutures endroit contre endroit, de façon à obtenir trois surfaces assez grandes pour y couper la forme A. Ne pas hésiter à faire un vrai patchwork quand c'est nécessaire, et repasser les coutures sur l'envers, à la vapeur. Coudre ensemble les trois panneaux en velours et les trois panneaux en tapisserie, en les alternant. Laisser la housse sur l'envers.

☞ Faire une boucle avec chaque ruban. Piquer leur base ensemble et introduire le tout dans le sommet de la housse. Fixer à l'intérieur par des points très serrés sur les coutures.

☞ Poser la housse de toile sur la housse de velours et tapisserie, en faisant coïncider les coutures.

☞ Couper la forme B dans la toile de bâche. Coudre cette base hexagonale sur cinq côtés, en laissant libre un côté correspondant à une tranche velours. Retourner l'ensemble sur l'endroit. Remplir de flocons de mousse. Fermer le sixième côté de la base par un surjet très serré.

DECORATIVE
ART 60s

Nappe de tante Olga

« Œuvre de tant de jours, de tant de fées aux doigts habiles et patients, ces napperons désuets posés sur une soie damassée parsemée de rosaces invitent à l'heure du thé à partager un festin coloré et raffiné. »

8
190
206
8
8
130
8
146

Fournitures

2 x 1,40 m de tissu damassé fuchsia ✸
12 napperons blancs anciens crochetés de tailles différentes ✸ 1,20 x 1,40 m de velours côtelé bicolore.

Réalisation

☞ Faire tremper les napperons pendant 1 heure dans du thé très fort ; laisser sécher. Repasser.

☞ Les positionner harmonieusement sur le tissu damassé ; les épingler, les coudre à points invisibles.

☞ Pour la bordure, préparer six bandes de 140 x 20 cm.

☞ En épingler une sur chacun des petits côtés, coudre les autres ensemble deux par deux ; les épingler ensuite sur chacun des grands côtés.

☞ Coudre les quatre bandes sur le tissu damassé, les plier en deux sur la longueur, former les angles à 45 degrés sur l'endroit comme sur l'envers.

☞ Rabattre les bandes sur l'envers et les coudre tout autour à points invisibles.

Le jardin de grand-mère
Natacha

« L'une s'ajoutant
à l'autre, les formes
se dessinent, riches
de mille souvenirs.
L'imprimé d'un tablier,
celui d'un paréo,
le motif d'une robe ou
d'un maillot d'enfant
créent une courtepointe
à la taille du rêve. »

schéma 1

schéma 2

schéma 3

Fournitures

Lin naturel ✸ chutes de tissus à petits motifs, clairs et foncés ✸ tissu uni jaune-vert ✸ carton fort pour dessiner le gabarit ✸ fil couleur lin ✸ ouatine (molleton synthétique) ✸ tissu de doublure satinette de coton uni beige.

Réalisation

Par losange, il faut :

☞ 1 hexagone uni de 5 cm de côté pour le centre ;

☞ 8 hexagones imprimés de 5 cm de côté, coloris moyens ;

☞ 16 hexagones imprimés de 5 cm de côté, coloris foncés.

☞ Reproduire le dessin d'un hexagone sur un carton : il fait 5 cm de côté, dont 5 mm pour les coutures.

☞ Autour de l'hexagone uni, coudre six hexagones de l'imprimé moyen ; les coudre entre eux, fixer ensuite de part et d'autre les deux derniers hexagones du même imprimé (schéma 1).

☞ Coudre ensuite les quatorze hexagones les plus foncés tout autour et les deux derniers à chaque extrémité, pour former un losange (schéma 2).

☞ Une fois les losanges terminés, les relier par des hexagones du même gabarit taillés dans le lin naturel (schéma 3).

☞ L'assemblage terminé, repasser, positionner le patchwork sur le molleton et la doublure. Bâtir les trois épaisseurs ensemble en partant du centre et en traçant les droites et des diagonales, et en laissant déborder la doublure de 6 cm.

☞ Surpiquer à la main les losanges et l'hexagone du centre, rabattre la doublure sur le dessus pour former une bordure de 3 cm. Fermer tout autour sur l'endroit à points invisibles.

4 FRERES
Directeurs du CIRQUE d'HIVER

Patchwork à histoire(s)

« Pour la princesse au petit pois des caravanes, voilà un édredon bien moelleux, recouvert d'une housse en patchwork de coton, véritable saga familiale, voyage à travers le temps. Quatre cents petits carrés, tous différents ! Chacun a une histoire, un passé, un vécu dépassant parfois un demi-siècle… Il y a les robes de petites filles de Sophie et Émilie, plus de 30 ans aujourd'hui, les chemisiers et les jupes d'été de Mamila, les carreaux vichy de notre enfance, les Liberty toujours édités, les cotons fermière à petits motifs sur fond noir des années soixante-dix, les rayures des chemises usées de Patrick ou Hervé, celles à carreaux de Victor… Quand on avait la chance d'avoir une mère qui cousait et vous habillait de pied en cap, il y avait toujours des tissus nouveaux à la maison, surtout en été. Les vêtements ont disparu, usés ou donnés. Il en reste les chutes, que l'on gardait dans des cartons, ou un morceau prélevé en souvenir. Ils parlent du passé mieux que des photos. »

dans la mémoire, chaque

une multitude de tons pour un unique édredon

imprimé dans la mémoire

Fournitures nécessaires pour une housse terminée de 135 x 135 cm

Une multitude de carrés de 8 x 8 cm coupés dans des cotons imprimés : comme il n'est pas toujours évident d'en avoir conservé pendant plusieurs années, il est bien sûr possible de compléter avec des tissus achetés et de les utiliser plusieurs fois. Quand l'imprimé est assez grand, on peut tailler des carrés en divers endroits, pour donner l'impression que ce sont des tissus différents ✸ 40 cm de coton écru en 140 cm de large ✸ 2 m de coton de couleur en 140 cm de large ✸ un petit carton plat coupé en carré de 5,5 cm ✸ du fil à coudre écru ✸ du fil à broder de différentes couleurs ✸ 3 boutons ✸ un édredon de 135 x 135 cm, réalisé dans une satinette et bourré de plumes.

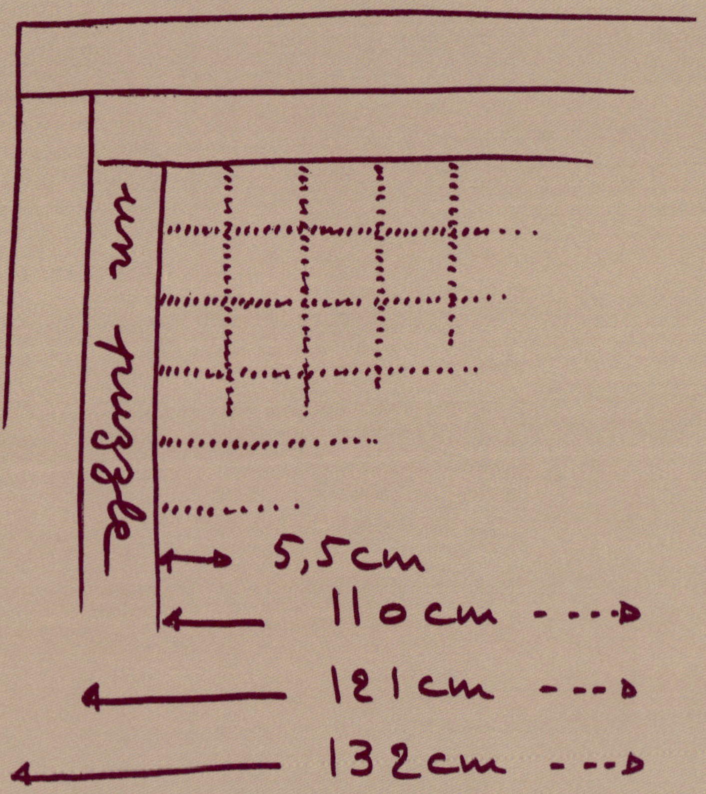

ces petits morceaux de coton on

chaque carré a son histoire

Réalisation

☞ Poser le carré de carton sur l'envers de chacun des carrés de coton et rabattre les bords au fer à repasser. Ôter le carton et repasser cette fois sur l'endroit, en veillant à la régularité du nouveau carré obtenu.

☞ Disposer les carrés côte à côte pour déterminer leur assemblage. Poser deux carrés l'un contre l'autre, envers contre envers, et faire un petit point de surjet. Écraser la couture au fer sur l'envers. Coudre ainsi les carrés par deux, puis par quatre et ainsi de suite, jusqu'à obtenir une surface de 20 x 20 carrés.

☞ Couper dans le tissu écru quatre bandes de 8 x 140 cm. En marquer le milieu pour centrer les phrases à broder, que chacun peut adapter à sa guise, ou remplacer par une comptine, un poème...

☞ Reporter les mots agrandis à la photocopieuse sur le tissu, par transparence contre la vitre d'une fenêtre.

☞ Broder chaque mot au point de tige, dans une couleur différente du précédent.

☞ Assembler par un petit point de surjet les bandes brodées à chaque côté du patchwork, en repérant le centre, et en terminant les angles en T, toujours dans le même sens. Couper les morceaux de bande qui dépassent.

☞ Couper dans le coton de couleur quatre bandes de 8 x 140 cm. Les assembler par une couture de 1 cm, cette fois à la machine, autour des bandes brodées en terminant les angles en T.

☞ Préparer la partie du dessous de la housse. Couper dans le tissu de couleur un panneau de 50 x 140 cm. Faire un rentré de 1 cm et repasser ; replier à nouveau sur 4 cm et faire une piqûre.

☞ Faire la même chose sur le bord coupé du panneau restant.

☞ Au centre, puis à 20 cm de part et d'autre, faire à la machine une boutonnière à la taille des boutons.

☞ Superposer les bords préparés des deux panneaux, boutonnières sur le dessus, et les piquer l'un sur l'autre de chaque côté sur 30 cm, de façon à ménager une ouverture de 80 cm.

☞ Poser le dessus de la housse sur le dessous, endroit contre endroit, épingler et faire une piqûre tout autour, à 1 cm. Compléter par un surjet à la machine.

☞ Retourner l'enveloppe et coudre les boutons.

Texte des quatre phrases :

☞ ces petits morceaux de coton ont vu quatre générations

☞ imprimé dans la mémoire, chaque carré a son histoire

☞ un puzzle de souvenirs promis à un bel avenir

☞ une multitude de tons pour un unique édredon

un puzzle de souvenirs promis à un bel avenir

u quatre générations

morceaux de
quatre générations

Plaid mongol

« Étalé sur une ottomane ou frileusement serré sur les épaules d'Hortense ou d'Eugénie, il s'est oublié au grenier, ajouré par quelques souris en visite. Aujourd'hui revenu à sa splendeur ancienne, il se pare de soie, de velours et de broderies, réchauffé par une épaisse et moelleuse bordure de fourrure ravivée par le soyeux d'un satin écarlate. »

gabarits

Fournitures

1 plaid en cachemire de 110 x 150 cm ✸ 140 x 140 cm de satin fuchsia ✸ 140 cm de fausse fourrure rouge en 140 cm de large ✸ morceaux de 10 ou 20 cm^2 de différents tissus damassés, brochés, soyeux, veloutés (type tissus pour cravates) ✸ coton à broder de différents coloris ✸ colle repositionnable ✸ carton fort.

Réalisation

☞ Décalquer les gabarits des motifs sur le carton ; découper, vaporiser la colle sur la surface en contact avec les tissus précieux.

☞ Positionner le gabarit sur le tissu, cranter à 1 cm tout autour du motif ; rabattre tout autour, repasser à fer chaud pour donner la forme du gabarit au tissu. Ôter le gabarit.

☞ Procéder de la même façon pour tous les autres motifs.

☞ Les positionner harmonieusement sur le cachemire, épingler, coudre à petits points et rebroder.

☞ Utiliser le point de tige, le point d'épine, le point de grébiche pour broder le motif ou le décorer à l'intérieur.

Bordure

☞ Dans la fourrure, tailler quatre bandes de 140 cm de long et 35 cm de large ; positionner deux bandes sur les grands côtés, endroit contre endroit. Piquer tout le long.

☞ Retourner, épingler les deux autres bandes sur les petits côtés en débordant sur la moitié de la fourrure de chaque côté ; piquer, retourner.

☞ Sur l'envers, positionner la doublure en satin fuschia, envers contre envers du cachemire.

☞ Rabattre la fourrure, épingler, coudre à petits points pour fermer la bordure.

Pois en pots

« Même les pots
se mettent au diapason.
Leur nouvelle robe
leur permet l'intérieur
comme l'extérieur,
et ils accueilleront aussi
volontiers différents
accessoires que
des plantes. »

Fournitures

Des pots de terre cuite ✸ de la peinture acrylique blanche ✸ de la peinture acrylique de couleur ✸ du film adhésif (Vénilia) ✸ 1 compas.

Réalisation

- Sur les pots très propres, passer trois couches de peinture blanche.
- Avec un compas, tracer sur le papier de protection du film adhésif des cercles de 2 cm de rayon.
- Découper une douzaine de disques par pot. Les répartir et les coller, en n'hésitant pas à en mettre certains à cheval sur le bord.
- Passer deux couches de peinture de couleur, puis enlever les disques d'adhésif.
- On peut varier la taille des pois en fonction de celle du pot, ou inversement mettre de petits pois sur un énorme pot, et un gros pois tronqué sur un petit. Le compas peut être remplacé par tout ce qui est rond : soucoupe, pied de verre, bouchon de plastique…

Et ron et ron gros polochon

« Vivre au ras du sol, sur d'épais tapis, comme dans une yourte, quel plaisir ! Sur des matelas, larges et profonds canapés, un polochon, gros traversin mis en longueur, s'offre en dossier. Des écharpes un peu usagées l'habillent, rythmant de leurs motifs cachemire les bandes de couleur. »

☞ Ci-dessus :
Ces Mongols changent de campement à l'automne. La yourte demontée est transportée par un attelage de yacks.

Page de droite :
Ces Toungouses campent devant leur yourte pour la photographie. Carte postale vers 1905.

Fournitures

2 m de toile de coton épaisse ✸ de la fibre polyester pour garnissage de coussins, ou de la plume ✸ 5 ou 6 écharpes d'homme et foulards carrés de femme à motifs cachemire ✸ de larges rubans longs de 1 m, en velours, gros-grain, taffetas... ✸ 50 cm de taffetas de couleur vive pour les bouts ✸ 2 rubans de 8 mm de large et 1 m de long.

Réalisation

☞ Couper dans la toile un panneau de 100 x 140 cm, et un autre de 100 x 54 cm pour un traversin de 190 cm de long, ou un panneau de 100 x 64 cm pour un traversin de 200 cm.

☞ Coudre les deux rectangles ensemble, puis plier le grand rectangle obtenu pour former un tube.

☞ Faire une piqûre à 1 cm du bord, en ménageant au centre une ouverture pour le rembourrage ultérieur.

☞ Dans le reste du tissu, tracer deux cercles de 33 cm de diamètre. Couper sur ce trait.

☞ Épingler les disques à chaque extrémité du tube et piquer. Retourner la housse, la garnir et refermer l'ouverture avec un surjet serré.

☞ Dédoubler les écharpes d'homme. Couper en deux les foulards carrés et coudre les deux parties bout à bout, en mettant les franges du même côté.

☞ Disposer les écharpes sur le traversin, d'un bout à l'autre. Poser entre elles les rubans : ils peuvent être à cheval sur deux écharpes ou les relier, s'ils sont larges, pour gagner quelques centimètres. Piquer l'ensemble. Coudre à chaque bout une bande de taffetas de 18 cm de large.

☞ Plier l'ensemble pour former un tube. Faire une piqûre à 50 cm de la pliure, en laissant libres 5 cm aux extrémités.

☞ Écarter la couture au fer et former un rentré de 2 cm au bord du taffetas.

☞ Piquer à 1,5 cm. À l'aide d'une épingle de nourrice attachée sur un mini-ruban, faire glisser celui-ci dans la coulisse ainsi formée.

☞ Introduire le traversin dans la housse en écharpes, fermer les bouts en tirant sur les rubans et faire un joli nœud.

Portière bannière

« Pour laisser filtrer les rais de lumière et inviter le souffle du vent, rien de mieux que les larges lanières éclatantes de couleurs d'une porte toujours ouverte, drapeau de la liberté. »

Fournitures

25 à 30 cm par bande en 140 cm de large, dans des tissus de coton à rayures, à fleurs ou autres motifs ✱ 1 barre de métal rond, ou 1 tige de bambou.

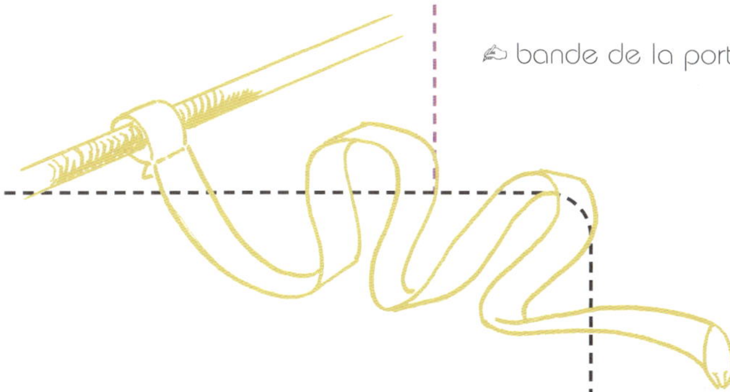

Réalisation

☞ Au final, les bandes seront larges de 5 à 7 cm. Leur longueur peut être variable : un peu courte si on place la portière devant une ouverture très fréquentée, ou un peu traînante pour faire joli. On peut aussi faire un nœud au bout des bandes pour leur donner un tombé plus lourd. Prévoir en tout cas 6 cm de plus pour faire l'accrochage.

☞ Couper des bandes de 12 à 16 cm de large. Faire des raccords pour qu'elles atteignent la longueur voulue. Une même bande peut être constituée de tissus différents.

☞ Replier bord à bord et faire une piqûre à 1 cm ; bien écarter la couture au fer.

☞ Retourner la bande sur l'endroit. La repasser et replier un bout sur 6 cm.

☞ Piquer pour fermer la boucle dans laquelle va passer la barre. Indépendantes les unes des autres, les bandes peuvent changer de place.

Pouf nomade

« Dedans, dehors, dans la chambre des enfants, dans la roulotte ou en appoint au salon, le pouf recouvert de la toile cirée prévue pour la table de la cuisine s'installe partout sans complexes. »

Fournitures

45 cm de toile enduite à rayures ✸ 45 cm de toile enduite à carreaux ✸ 50 cm de toile cirée à fleurs ✸ 130 cm de bâchette en 140 cm de large ✸ 3 sacs de flocons de mousse ✸ 1 aiguille courbe.

Réalisation

☞ Couper dans la bâchette deux rectangles de 65 x 45 cm, deux rectangles de 40 x 65 cm, et deux de 40 x 45 cm.

☞ Coudre les quatre panneaux du pourtour, hauts de 40 cm, par une couture de 1 cm.

☞ Coudre ensuite le panneau du dessus, puis le panneau du dessous, en laissant une ouverture de 20 cm au milieu d'un grand côté. Retourner le parallélépipède sur l'endroit.

☞ Couper dans la toile enduite à rayures deux rectangles de 40 x 65 cm, dans la toile à carreaux deux rectangles de 40 x 45 cm et dans la toile à fleurs deux rectangles de 45 x 65 cm.

☞ Coudre le parallélépipède en laissant une ouverture, un peu plus grande, au même endroit que celle du parallélépipède en bâchette. Introduire la housse en toile, en plaçant bien les coins dans les angles.

☞ Bourrer avec les flocons de mousse, pour que ce soit très ferme. Refermer la housse en toile par un surjet serré avec l'aiguille courbe, et l'enveloppe extérieure par un point devant sur lequel on revient dans l'autre sens.

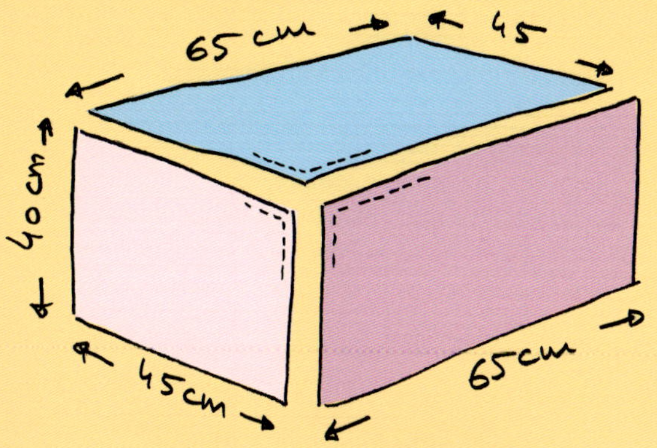
65 cm
45
40 cm
45cm
65cm

Poupée cache-théière babouchka

« Ô Babouchka,
chaleureuse et gaie,
aux bras affectueux
et aux jupons bruissants,
garde le thé au chaud sous
ton tablier fleuri en nous
chantant *Les Bateliers
de la Volga* ! »

48
40

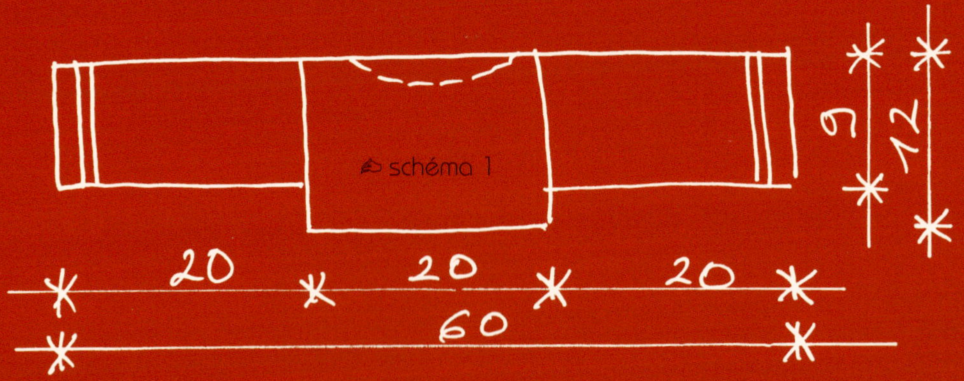

schéma 1
9
12
20
20
20
60

schéma 2

Fournitures

1 corps, 2 bras et 1 tête de poupée en tissu ✸ 30 x 80 cm de molleton de coton épais ✸ 30 x 80 cm de tissu rouge surpiqué (jupe) ✸ galons assortis ✸ 20 x 30 cm de tissu fleuri clair (tablier) ✸ 30 x 100 cm de tissu blanc (blouse) ✸ 20 x 40 cm de vichy rouge (foulard).

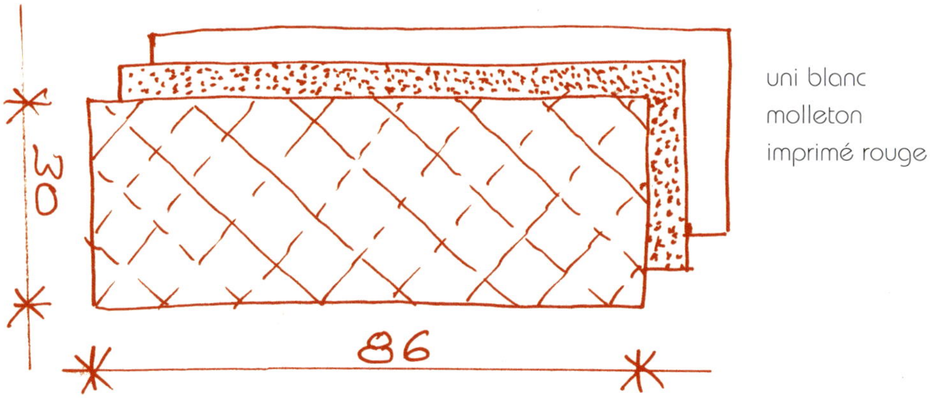

✍ schéma 3

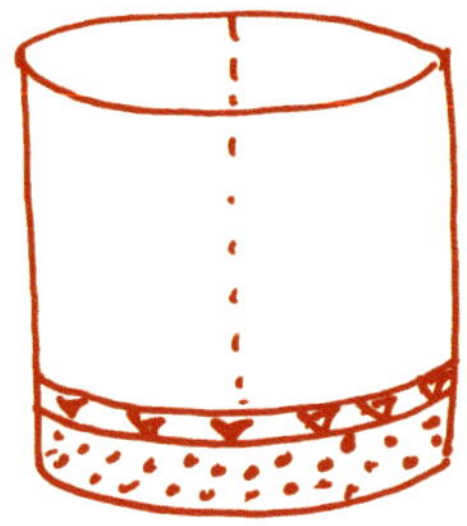

✍ schéma 4 (jupe)

✍ schémas 5 et 6 (tablier)

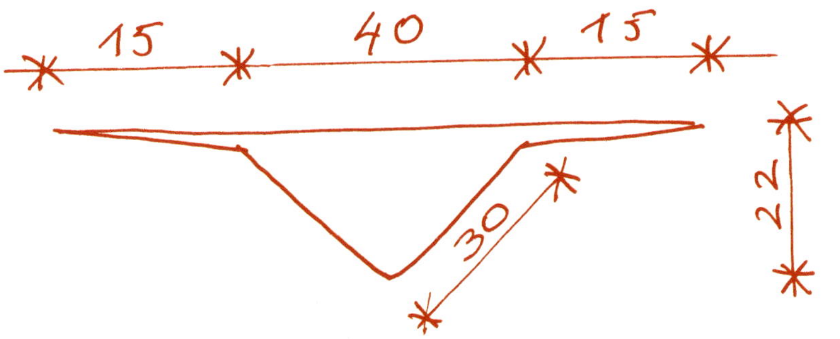

✍ schéma 7 (foulard)

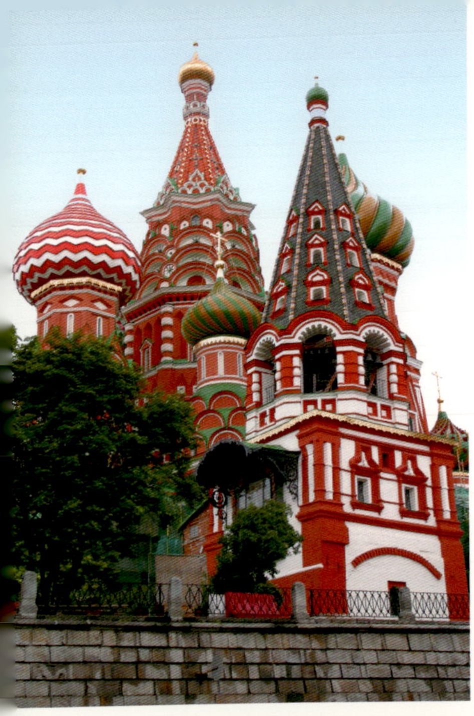

Réalisation

Blouse

☞ Découper un rectangle de tissu blanc de 60 x 26 cm ; plier le tissu en deux dans la longueur, coudre les galons, coudre les manches et les côtés.

☞ Dessiner un ovale de 14 cm de long pour l'encolure.

☞ À 5 mm du bord, froncer en cousant un fil solide tout autour ; faire de même pour les poignets. Coudre le galon de devant (schémas 1 et 2).

☞ Enfiler la blouse sur la poupée et coulisser l'encolure et les poignets.

Jupe

☞ Superposer les trois tissus suivants : tissu blanc, molleton épais de coton, tissu surpiqué rouge (schéma 3).

☞ Former un cylindre et piquer sur une hauteur de 30 cm ; le blanc se trouve à l'intérieur.

☞ Dans le bas, coudre à cheval une bande de tissu à pois blancs sur fond rouge tout autour, puis à 4 cm du bord un galon rouge et blanc pour bien tenir les trois tissus ensemble (schéma 4).

☞ Froncer le haut et le coudre sur la blouse et le buste de la poupée, à la hauteur de la taille.

Tablier

☞ Tracer sur le tissu fleuri un cercle de 23 cm de diamètre ; le découper ensuite comme sur le schéma 5.

☞ Lui ajouter un volant fleuri de 4 cm de haut. Froncer le haut du tablier et coudre un ruban de 2 cm de haut pour l'attacher en le nouant dans le dos de la poupée (schéma 6).

Fichu

☞ Découper dans le vichy rouge un triangle de 30 cm de côté et deux pans ; ourler et nouer sous le menton de la poupée.

Sac Anna Karénine

« Sac des villes,
sac des champs, où logent
mille trésors entassés,
toute une fortune
et toute une aventure. »

schéma 1

schéma 2

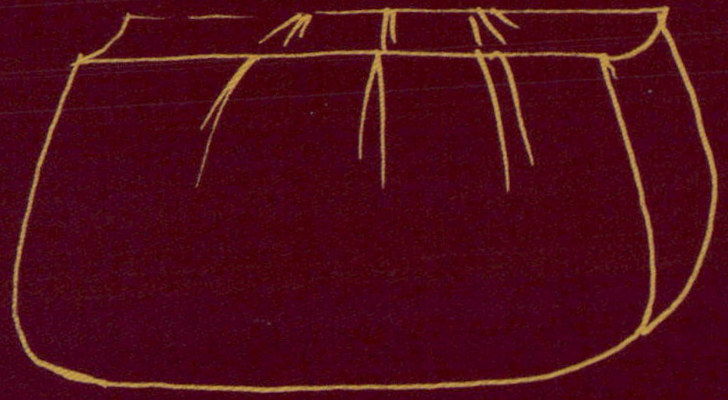

schéma 3

schémas 4 et 5

Fournitures

50 x 140 cm de tissu imprimé panthère ✱ 1 branche de 30 cm de long et 3 cm de diamètre ✱ tissus damassés, lin imprimé, tissus brodés ✱ rubans larges fleuris ✱ 2 tiges métalliques de 43 cm de long et 5 mm de diamètre.

Réalisation

☞ Assembler les morceaux de tissu pour former deux rectangles de 60 x 38 cm (schéma 1).

☞ Par côté, il faut quatre tissus différents et un ruban large de 5 ou 6 cm. Une fois les deux faces prêtes, les assembler par une bande de 12 x 125 cm d'un tissu différent, sur trois côtés, en arrondissant les angles de la base.

☞ Dans le tissu imprimé panthère, reproduire la même forme de sac et l'enfiler dans l'autre, envers contre envers (schéma 2).

☞ En tenant les deux sacs épinglés ensemble, former sur la partie haute deux plis plats et un pli creux au milieu, pour réduire le haut de 10 cm et obtenir un trapèze (schéma 3).

☞ Tailler une bande de tissu fleuri de 4 x 112 cm.

☞ La piquer tout autour de l'ouverture, la replier en deux et la rabattre à l'intérieur après avoir enfilé la tige métallique de chaque côté. Fermer à petits points invisibles sur l'imprimé panthère, tout autour.

☞ Dans un autre tissu, découper deux bandes de 4 x 50 cm de long. Plier les bandes en deux dans la longueur et rentrer 1 cm de chaque côté ; surpiquer sur toute la longueur (schéma 4).

☞ Replier les bandes en deux sur la hauteur, les coudre de chaque côté du sac, former une boucle sur le haut pour passer la branche (schéma 5).

Sac mazurka

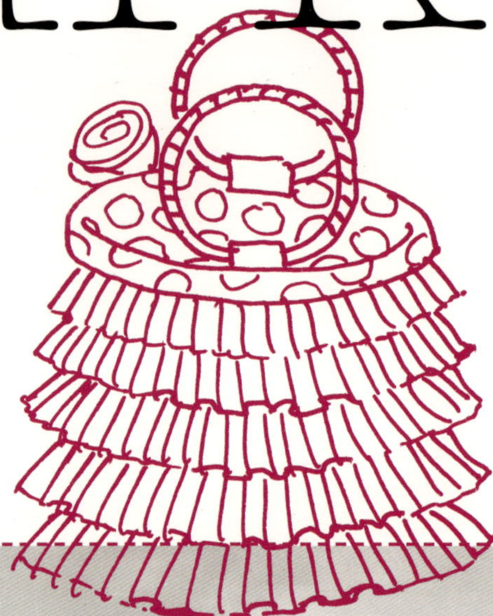

« Sac à malices
qui se retourne et vole
dans le vent, suivant
sa rose et ses délices. »

Fournitures

2 anses rondes en bambou ✸ 75 x 75 cm de tissu à pois ✸ tissu rayé en bandes de 9 cm de large ✸ 75 x 75 cm de molleton ✸ 25 x 50 cm de tissu uni rose vif.

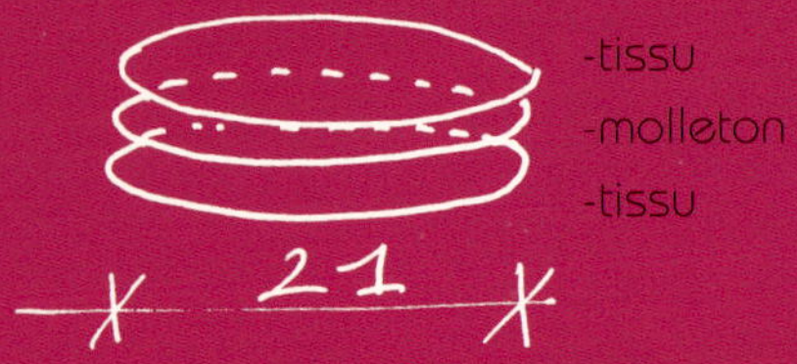

schéma 1

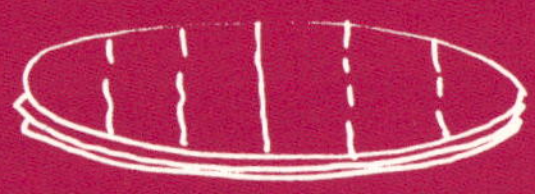

schéma 2

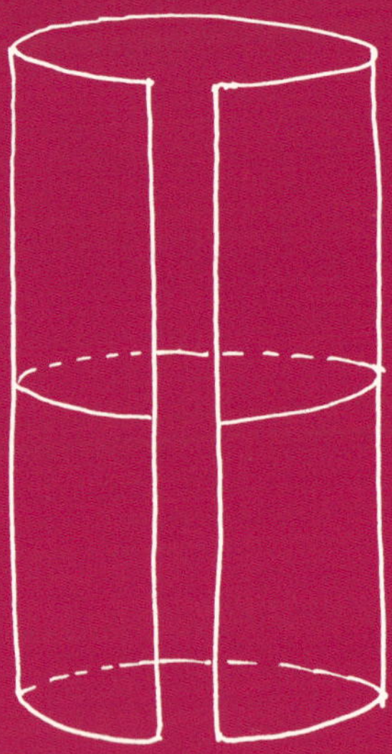

schéma 3

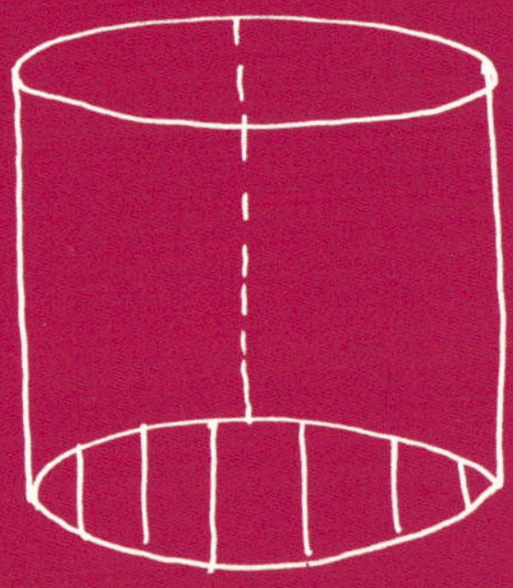

schéma 4

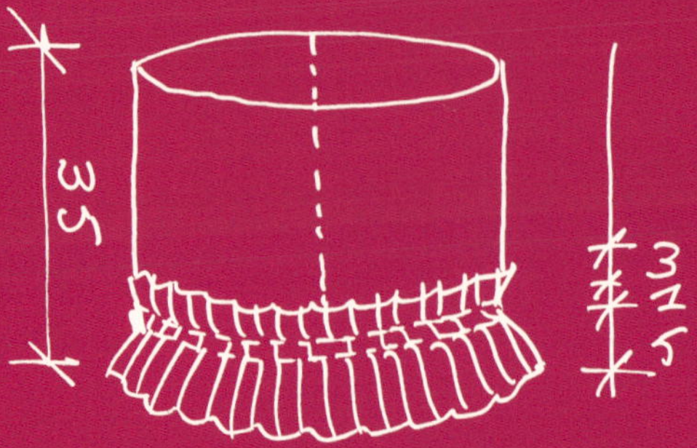

schéma 5

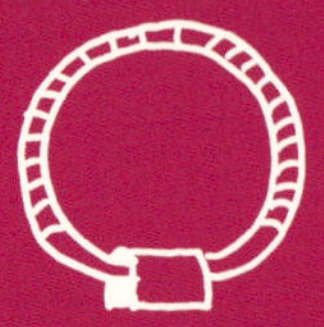

schéma 6

Réalisation

☞ Tracer, à l'aide d'une assiette ou d'un compas, deux cercles de 21 cm de diamètre sur le tissu rose, les reporter sur chaque côté du molleton.

☞ Épingler ensemble les trois épaisseurs de tissu et surpiquer en bandes tous les 5 cm (schémas 1 et 2).

☞ Coudre le morceau de tissu de 75 x 75 cm sur un côté en le pliant en deux. Aplatir les coutures et plier ce cylindre en deux, couture contre couture, sur la hauteur (schéma 3).

☞ Épingler le cylindre de 35 cm de haut ainsi obtenu tout autour du fond, piquer et retourner : on obtient un seau (schéma 4).

☞ Façonner cinq volants avec des chutes de tissu rayé en les plissant très régulièrement ; les piquer à 4 cm du haut du volant.

☞ Les positionner à intervalles réguliers sur toute la hauteur. Piquer à 3 cm du haut du volant tout autour du sac, en commençant par le bas (schéma 5).

☞ Une fois tous les volants placés, recouper le volant le plus haut placé à 1 cm de l'ouverture et rabattre dessus le tissu du sac pour cacher la couture.

☞ Fixer les anses bien symétriquement à l'aide d'une patte en tissu positionnée à l'intérieur du sac (schéma 6).

☞ La rose est réalisée avec une chute de volant roulée sur elle-même et tenue à la base par un morceau de ruban fleuri.

histoire
une multitude de tons

Valise champêtre

« Quel plus beau symbole du voyage qu'une valise ? Celle-ci a tout vécu : les cahots de la voiture, le roulis du bateau, les ruades du cheval, les secousses du train. Elle a suivi les pérégrinations de son propriétaire, dans les années cinquante, de l'Asie à l'Afrique. Une bonne valise solide. Une Pullman brun foncé, en pâte de bois avec des renforts en métal aux angles et sur les arêtes. Supplantée par des consœurs plus modernes, elle finissait ses jours dans le grenier, l'âme triste. Liftée et toute pimpante, elle a repris du service et suit maintenant la famille partout, malle à trésors, malle à rêves. »

MOLDAVIE

Fournitures

1 valise « en carton » ✸ de la peinture acrylique satinée rouge framboise ✸ du ruban de masquage ✸ des fleurs ou bouquets de fleurs découpés dans de la toile cirée récupérée, ou dans des tissus qui s'effilochent peu ✸ des petits morceaux de faux cuir de couleur et des chutes de tissu fleuri, à rayures, etc. ✸ un peu de tissu de coton blanc et du fil de couleur ✸ 40 cm de cordonnet par étiquette ✸ de la colle pour textiles.

Réalisation

☞ Bien nettoyer la valise et ses ferrures avec une brosse un peu dure. Protéger les ferrures avec du ruban de masquage. Peindre la valise en plusieurs phases : le couvercle, puis le pourtour et enfin la base. Passer au moins trois couches.

☞ Disposer les fleurs découpées sur les deux faces de la valise et les coller.

☞ Découper des étiquettes dans le simili cuir, poser dessus un petit rectangle de tissu fleuri et le fixer à la machine avec un point zigzag.

☞ Broder sur le tissu blanc le nom d'une ville appréciée lors d'un voyage, puis découper autour une forme rectangulaire à coller sur l'étiquette.

☞ Coller sur l'envers de l'étiquette un tissu et le couper à ras.

☞ Faire avec une grosse aiguille un petit trou pour passer un cordonnet afin d'attacher l'étiquette à la poignée de la valise.

MOLDAVIE

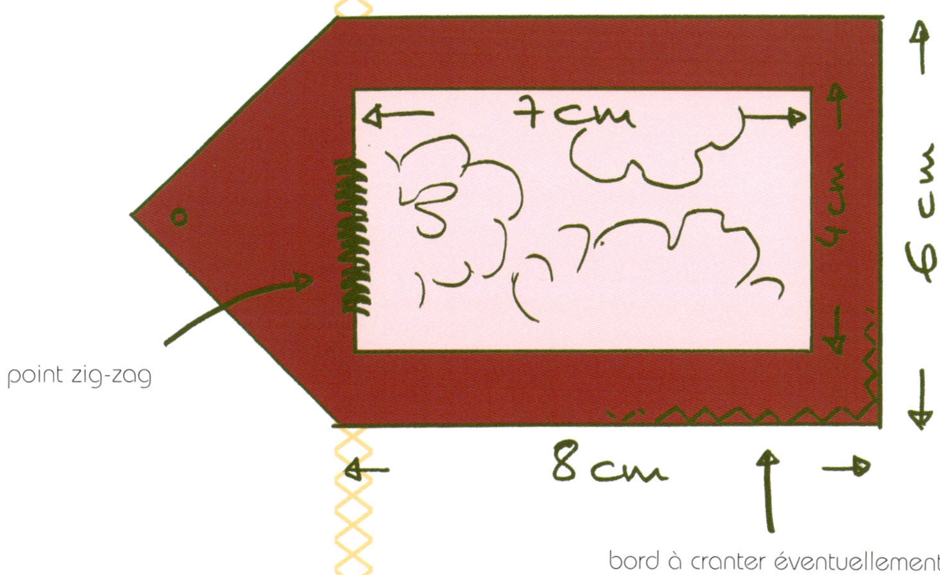
7cm
4cm
6cm
8cm
point zig-zag
bord à cranter éventuellement

Remerciements

Nous remercions tout particulièrement Jeanne Bayol et Jean-Marie Marechal chez qui les photos de roulottes ont été prises.
Vous pouvez consulter leur site internet où ces roulottes sont en vente ainsi que des accessoires dans l'esprit gypsie :
www.jeanne-bayol.com
www.les-verdines.com

Nous remercions chaleureusement Émilien Bouglione qui nous a ouvert avec la plus grande gentillesse les portes du Cirque d'Hiver, où clowns, chevaux et tigres, acrobates et autres baladins emmènent à chaque spectacle petits et grands dans un fabuleux voyage.
Cirque d'Hiver Bouglione
110, rue Amelot, 75011 Paris
01 47 00 12 25

Nous remercions sincèrement le père Nicolaï de nous avoir permis de profiter du merveilleux perron de la petite église russe Saint Serge.
Saint Serge, 93 rue de Crimée, 75019 Paris
01 42 01 96 10

Nous remercions également pour leur don ou prêt de matériel :
Artiga, Canovas, Coming B, Edmond Petit, Élitis, Étamine, Guérisol, Houlès, Kenzo-Lelièvre, La Case de Cousin Paul, La Maison de la Fausse Fourrure, Les Toiles du Soleil, Liberty, Linum, Loisirs & Création, Lorca, Mokuba, Moline, Natacha Farina, Osborne & Little, Pierre Frey

Merci encore à
Jeanne Bayol et sa fille, à Olympe, Jeanne et Marguerite.

Crédit photographique

Reportage photographique : Patrick Van Robaeys.
P. 21, haut : Collection IM/Kharbine-Tapabor. P. 36 : akg-images. P.52 : Roger Viollet.
P.54 : Collection Kharbine-Tapabor. P. 56, à droite : Coll. BHVP-Grob/Kharbine-Tapabor.
P. 69, haut : Paul Almasy/akg-images. P. 104, 105 : Avant-Demain/Kharbine-Tapabor.
P. 118 : Alexa Kriegel/Kharbine-Tapabor. P. 119 : Collection IM/Kharbine-Tapabor.
P. 142 : © Gaston Paris/Roger-Viollet. P. 149 : © Jacques Boyer/Roger-Viollet.
Toute l'iconographie qui n'est pas citée dans ces pages de copyright sont :
© DR/collection privée.

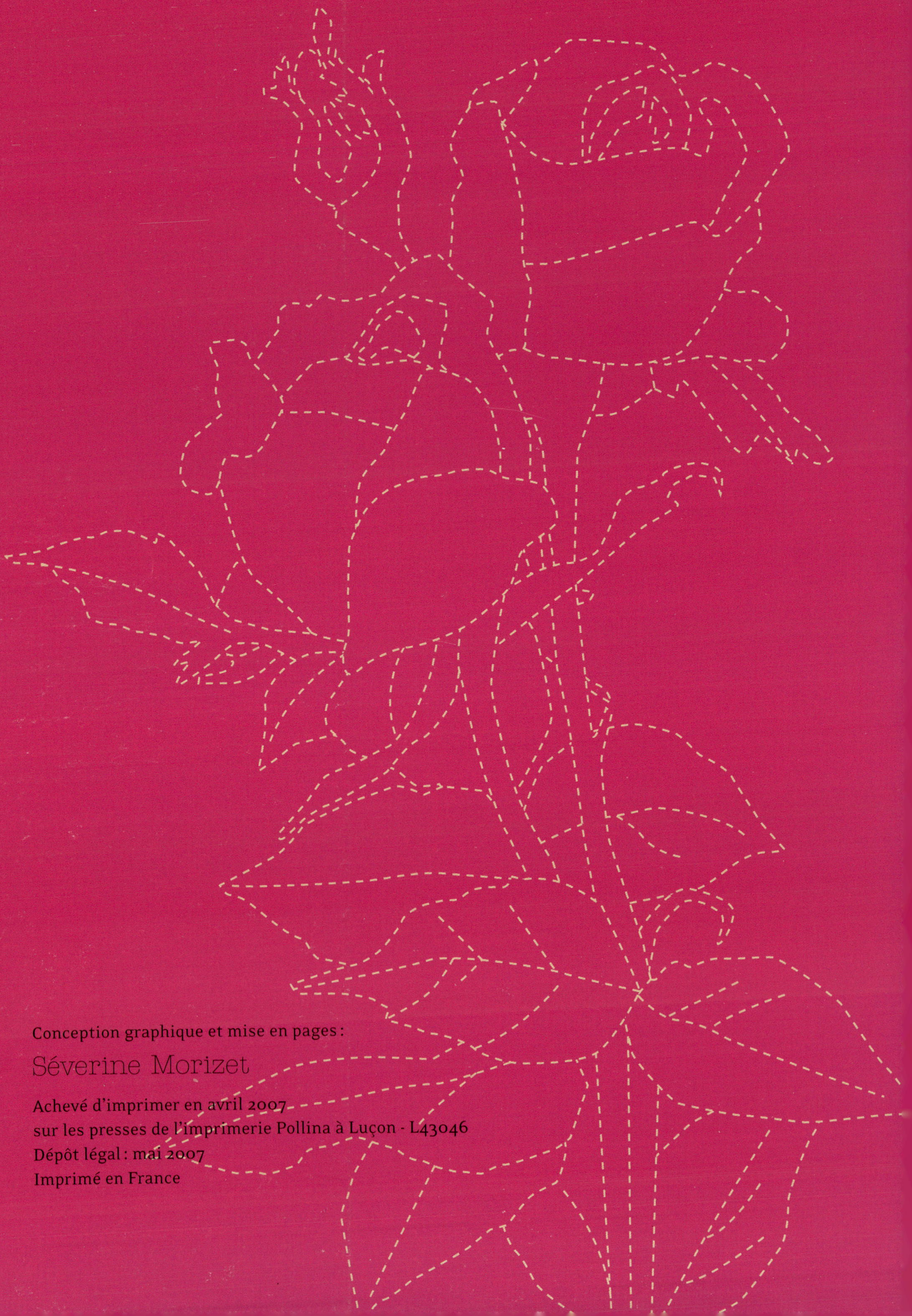

Conception graphique et mise en pages :

Séverine Morizet

Achevé d'imprimer en avril 2007
sur les presses de l'imprimerie Pollina à Luçon - L43046
Dépôt légal : mai 2007
Imprimé en France